MODE
DE
CONSTITUTION FRANÇAISE
POUR LES JOURS CIVILISÉS 1889

INDIQUANT LES MOYENS DE

FAIRE LEVER LES IMPOTS SUR TOUT CE QUI EST ALIMENTAIRE

LIQUIDE ET SOLIDE

L'AMORTISSEMENT DE LA DETTE DE 48 MILLIARDS ENVIRON

PAR DES EMPLOIS HONORIFIQUES

EN SUPPRIMANT LES EMPLOIS INUTILES ET UNE RETENUE SUR CEUX QUI

SONT SURABONDANTS

FORMATION DE COMITÉS DE CHAQUE PROFESSION (SYSTÈME CORPORATIF)

PAR UNE RETENUE OBLIGATOIRE DE 5 % SUR LES SALAIRES

POUR ASSURER UN AVENIR ET SECOURIR LES TRAVAILLEURS CONSTAMMENT

CE QUI FERA DES MILLIONS ET PLUS TARD DES MILLIARDS

QUI EXISTERONT EN PROPRIÉTÉS OU VALEURS CERTAINES POUR LES COMITÉS

Prix: 30 centin

MODE

DE

CONSTITUTION FRANÇAISE

POUR LES JOURS CIVILISÉS 1889

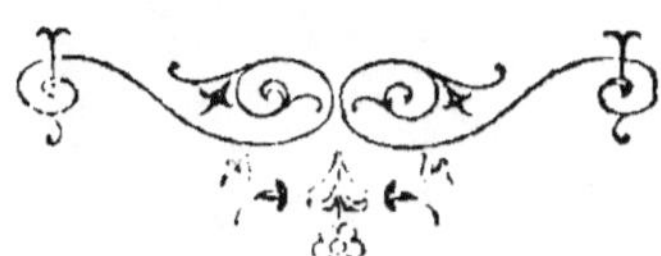

MODE

DE

CONSTITUTION FRANÇAISE

POUR LES JOURS CIVILISÉS 1889

Les deniers de l'Etat, caisse nationale, est le tonneau des Danaïdes, un des supplices de la religion d'Homère et des Français par leurs contributions et impôts de tous genres. Tout l'argent disparait ; ne suffisant pas au système onéreux, on fait des emprunts pour augmenter les 48 milliards à payer. Cette somme est payée tous les quatorze ans par les intérêts des intérêts, en existant toujours, puisqu'on ne fait pas l'amortissement. Les Minotaures qui sont autour du tonneau chéri de leurs cœurs, trouvent le moyen de ramasser de belles fortunes, tandis que beaucoup d'autres manquent du strict nécessaire aux exigences de la vie humaine : suite désastreuse d'une organisation égoïste. Les vampires de l'argent savent tout mettre de leur côté, sans se soucier qu'ils en mettent beaucoup dans la misère, et leurs lois onéreuses forcent de travaillller pour subvenir au paiement des emplois surabondants ; ils sont les auteurs des fraudes alimentaires, lesquelles compromettent l'existence populaire.

Tout ce qui est bien rétribué, les gens riches, en sont à l'abri : ils peuvent y mettre le prix.

C'est donc hideux pour un gouvernement de liberté et de fraternité de maintenir un principe désastréux pour les deniers de la nation qui ne peuvent vivre qu'en travaillant et qui ont fait des sacrifices de tous genres depuis un siècle. Les millions d'hommes de perdus, follement sacrifiés, des plus pauvres ; des centaines de milliards et du territoire de perdu sans résultat. Il faut donc un nouveau système, une organisation intelligente, généreuse, des jours civilisés, afin d'annuler tout ce qui est pernicieux à la société et faire naître ce qui lui assurera un bien-être constant et un heureux avenir ; pour le moment, beaucoup suivent l'exemple de ceux qui gouvernent la nation ; ils sont sous le joug de la frénésie argentée.

AUX RICHES SAVANTS ET BOURRICOTIERS

ou le

ROYAUME DES BETES

I

L'homme étant démon, suite des tentations
Bêtes de supplices, donneront des leçons
Pour lui apprendre que, les siècles n'ont vicié
Que l'être des peuples, les plus civilisés.

II

Visant la finance, par la dépravation
Entraînant la chûte, de toute la nation
Pour gagner les faveurs, de certains tristes cœurs
Ils font des basseses, pour avoir les honneurs.

III

Dans leurs antres luxés, ces bêtes savantes
Savent se protéger, d'idées surprenantes
Qui font tous les fléaux, désastres arrivés
Incombent le peuple, de leurs faits dépravés

IV

D'égoïsme saturés, en contemplant leur or
Pour se féliciter, de certain fait butor
Qui font les miséres, et les calamités
En sachant manœuvrer, d'actions préméditées.

V

Les résultats sont, que les plus malheureux
Subissent tous les maux, des décrets pernicieux
Qui peuvent décider l'action sédicieuse
En voulant maintenir des lois onéreuses.

VI

Etant au premier rang, dans toutes réunions
Ils ne se doutent pas, dans leurs ambitions
Que la bête réelle, est celle qui oublie
A l'étude, ses cours, de prendre de l'esprit.

VII

Dire que tout est là, en sachant commander
Pour le tout rassasier, pouvant accommoder
Evitant le trépas, de si longtemps prédit
C'est ce qu'elle peut faire, si la bête a l'esprit.

VIII

Au royaume des bêtes, les incapacités
De ne savoir prendre, sans leurs rapacités
Faisant crier dans tout, ne sachant étrier
Leurs bêtes mal montées, ils sont sans étriers.

IX

Dans le pays des bêtes, toutes les vicieuses
Savent vivre sur celles qui sont laborieuses
En leur laissant le joug, de tous leurs jours pervers
Pour les dédommager de leurs nombreux revers.

X

Dans leurs bassesses, on voit la détresse
De leurs combinaisons prouvent la maladresse
Arrêtent le dessein, de vouloir s'enrichir
En laissant le travail, et sachant se nourrir.

XI

Que l'art très positif, l'effet véridique
Nous change cet enfer, en jours magnifiques
Faisant bénéficier du produit naturel
Nous rendrons tous l'honneur, au divin éternel.

Il y a un siècle, la nation française a réformé, modifié ses lois pour s'améliorer et pour se procurer de l'argent dont elle avait un extrême besoin. Tous les gouvernements qui ont suivi les ont maintenues justes ou injustes. Lorsqu'on se plaint ils vous répondent : « Cela ne nous regarde pas, vous avez des députés faites les changer. » Mais malheureusement pour ceux qui en subissent les conséquences, un quart de la Chambre fait son devoir les trois autres quarts manquent à leurs paroles, à leurs engagements, pour leurs intérêts personnels. Les électeurs sont trompés de tous les côtés. Lorsqu'une loi est passée, il ne reste plus que le Sénat, qui est plus aguerri dans l'amour de l'argent, personnellement n'ayant rien à craindre, messieurs les sénateurs étant inamovibles, on les a vus lorsque l'Etat s'est emparé de plusieurs lignes de chemins de fer, leurs réunions particulières avaient décidé qu'ils confirmeraient l'arrêt de la Chambre ; beaucoup firent acheter, à vil prix, des actions qui ont été remboursées au prix d'émission ; de cette opération ont surgi de grandes fortunes à coup sûr. Et ces mêmes individus viennent de refuser aux retraités anciens deux millions huit cent mille francs, ce qui n'est pas une somme pour une nation. Ces bêtes audacieuses ne sont contentes que lorsqu'elles contemplent leur fortune et autour d'une bonne table, bien repus, ils font que beaucoup ne peuvent manger que des saletés en attendant la mort, et nous la victoire ! que de villenies ne se passent-ils pas dans des remises pour toutes les fournitures de la nation. Dernièrement ce sont des pèse-alcool. Avant 1870. Gaudilleau qui est mort avec beaucoup de millions, et le ministère forçaient les régiments d'accepter toutes les chaussures de mauvaise qualité ; les conséquences ont été en 1870 que des soldats étaient sans chaussures avec la neige ; tous en connaissent les tristes souvenirs. Il faut donc remédier à tous ces vices spoliateurs, pour que le bourricot qui gagne l'avoine la mange. Je viens proposer une loi logique, rationnelle, pour quitter les sentiers tortueux, remplies d'obstacles et de précipices, pour prendre un beau chemin qui conduira aux routes ou aux voix ferrées pour faire marcher, rapidement, la nation à l'apogée du bien être et de la civilisation.

ARTICLE PREMIER

Formation de Comités des familles qui interviendront dans toutes espèces d'affaires dans l'intérêt de la Société où la loi n'entervient pas : pour les mœurs, le bien être individuel. Pour les pères de famille qui ne font pas leurs devoirs envers leurs femmes ou leurs enfants, et vice-versa pour punition des journées de prestations. Dans les héritages nous faire mettre une partie inattaquable héréditaire, le Comité aura un pouvoir souverain pour visiter les comptabilités des banquiers, compagnies, ou particuliers, qui possèdent l'argent de beaucoup d'individus et lorsqu'il y aura des preuves de fraude il aura le droit d'exiger la liquidation. Des statuts renseigneront sur tout pour éviter des pertes et ruines particulières.

Quel que soit le genre de Comités, il sera composé de gens d'un certain âge, honorables, ou pensionnés, ayant l'intelligence nécessaire pour pouvoir remplir leur noble mission honorifique.

ART. 2

Dans une nation civilisée, tout être bien organisé ayant un intérêt moral d'arrêter toutes espèces d'infractions ou délit nuisibles à la Société ; une surveillance mutuelle sera exigible et punie d'amende proportionnelle à ses moyens de fortune. Lorsqu'il sera prouvé qu'il n'a pas signalé un fait quelconque dont il avait connaissance aux autorités compétentes.

Lorsqu'il y aura des preuves, le signaleur aura le droit de conserver son incognito et d'exiger une rétribution selon l'importance de l'affaire ; porté sur les frais de l'auteur du délit, l'insolvable paiera en journées de prestations.

ART. 3

Pour toutes espèces de délits ou amendes, chasse, pêche, ivresse, justice de paix, etc., ils se paieront en journées pour la commune, ou dans des usines fermées, pour éviter les frais de nourriture à la nation.

ART. 4

Toutes les places des hauts fonctionnaires seront honorifiques, ou un supplément s'ils ne possèdent pas assez pour tenir le rang de la place qu'ils occupent.

Beaucoup d'emplois secondaires seront occupés gratuitement par ceux qui ont des moyens d'existence pour le temps du service militaire, dans leurs départements après quelques mois d'exercice ou ceux qui ont des cas de réformes, Compagnie d'ouvriers.

Pour faire cesser l'injuste protection qui ne regarde pas le mérite, après l'examen de toutes espèces d'emplois qui en donne les droits, après le service militaire.

On convoquera tous les postulants en lisant les motifs. Pour favoriser les mariages, ceux qui le seront feront partie de la première catégorie : à mérite égal, on tirera au sort. Tous les emplois à partir de 2.000 fr.

par an seront donnés par soumission cachetée (papier libre) et un tant pour chaque enfant jusqu'à tel âge, et pour la femme en plus.

Art. 5

Tout ce qui est alimentaire. liquides ou solides, sans aucune espèce de droit, on ne percevra que les frais du personnel de l'abattoir. Les vins fins et l'absinthe en auront à la sortie de leur origine. Si les économies de tous genes ne peuvent pas suffire, on décrétera un impôt progressif sur le revenu qui est toujours refusé, mais qui est de première nécessité pour faire cesser cette haine des pauvres contre les riches ; clameurs séditieuses qui pourraient un jour prendre un offensif désastreux en se basant sur l'ancien dicton : « Celui qui ne vit que pour lui n'est pas digne de vivre. »
Le tabac, les cartes à jouer restent imposés.

Art. 6

Tous les fraudeurs de vivres alimentaires nuisibles à la santé punis sévèrement : première condammation. deux ans de prison : à la troisième. vices incorrigibles. déportés pour les colonies, compagnies d'ouvriers pénitenciers.

Art. 7

Pour les colonies. tous les gouverneurs seront choisis parmi les rentiers ou commerçants, connaissant les affaires et les améliorations utiles pour la prospérité de leur pays. Leurs conseils. composés d'hommes compétents, honorifiques. Les personnels matelots ou soldats pour le temps de leurs services militaires.

Tous les trimestres, les commandants de navires de la nation seront inspecteurs. Ils visiteront la comptabilité, s'informeront pour faire leurs rapports, sur la bonne ou mauvaise gestion. Les gouverneurs qui ne possèderaient pas assez pour tenir leur rang, la nation fera le complément. En cas d'absence, un du conseil ou premier secrétaire le remplacera. Les incapacités gouvernementales, minotaures qui n'aiment que l'argent, empêchent les colonies de prospérer. La main-d'œuvre est chère ; les propriétaires doivent, ils ne peuvent pas tirer parti de leurs terres ; les cafés sont chers, il faut les multiplier avec greffe naturelle pour grossir et bonifier le fruit. Les gouyaves et autres fruits avec du sucre brut, peuvent se faire sécher, en tisanes pour les malades, les casernes, les indigents, pour qu'ils bénéficient des faveurs de la terre. Le secours mutuel fournira des pénitenciers réquisitionnés arabes, les plus robustes ; des Français du Midi pour le Sénégal ; les propriétaires paieront tant par an avec les impositions.

Art. 8

Toutes les amendes seront proportionnées aux moyens d'existence : un ouvrier, 5 francs en argent ou en journée un peu plus ; celui qui a 500,000 francs de revenu, 250 francs, même délit.

Art. 9

La liberté des cultes mais non rétribués ; que le strict nécessaire à ceux qui ne possèdent rien s'ils sont âgés ; formation de comités religieux avec défense d'aller quêter dans les maisons pauvres. Les grandes villes donnent des subventions aux acteurs, c'est un abus. Celui qui fréquente les églises ne doit pas payer pour les théâtres et vice versa. Des comités se cotiseront entre eux pour subvenir à leurs dépenses pour que chacun fasse vivre ce qui est de son goût : la liberté.

Art. 10

Pour supprimer le Ministère d'Etat, chaque ministre aura ses conseillers compétants honorifiques qui remplaceront la Chambre, le Sénat, attribution des sages de l'antiquité, pour celui de la guerre officiers retraités, la marine idem, les autres industriels, agriculteurs, financiers, forestiers, comptables et rentiers pour discuter la formation ou l'amélioration des lois des jours civilisés, chaque journal prendra une spécialité d'un ministère, chaque intéressé le recevra pour être au courant des affaires, pour voter par correspondance et être libre. Ceux qui auront des réclamations judiciaires attaqueront le ministère compétent.

Art. 11

Chaque chef-lieu de département aura un comité pour proposer ou perfectionner des lois qu'ils soumettront au ministère compétent, s'il l'accepte il donnera l'ordre aux comités de faire voter toutes les communes s'il y a des spécialités pour des industries, les intéressés voteront seuls d'après la décision du Ministère.

Art. 12

Toutes les sous-préfectures sont des bureaux de transmissions, système des amis de l'argent, lesquels multiplent les emplois pour faire bénéficier leurs coteries, il faut les supprimer. Toutes les demandes s'adresseront aux préfectures. Les mairies donneront les renseignements nécessaires.

ART. 13

Toutes les Cours d'assises siègent environ quinze jours tous les trimestres, la Cour d'appel peut suffire pour tout, sur dix délits, pour neuf les preuves convaincantes y sont, l'arrondissement où le délit a été commis fera l'enquête avec réunion des témoins en présence de l'accusé, demandes et réponses des deux côtés pour que la Cour puisse prononcer d'après la loi sans voir la figure d'un individu. Ce qui est litigieux sera envoyé avec ses notes. Si l'accusé fait appel, la Cour de Paris décidera. Tout ce qui n'est pas criminel sera correctionnel qui infligera la même condamnation que les assises. Pour toutes espèces de délits infamants, on ne mettra plus le nom de famille, mais l'âge, la profession, le département, et le résultat.

ART. 14

Toutes les faillites se liquideront sans frais, que le coût du papier timbré, du syndic et de l'inventaire. Il y a beaucoup d'injustices dans les lois qui sont basées sur l'art de s'attirer l'argent, celui qui obtient l'assistance judiciaire s'il est débouté la partie adverse paie les frais. A annuler. Les minotaures de l'argent de beaucoup nomment un inspecteur pour vérifier les registres d'enregistrement, pour voir si on perçoit les droits au taux, si le receveur perçoit en plus, on le remboursera à l'intéressé en moins, il en sera responsable, dans les deux cas une petite amende. Le vérificateur passera aux greffes pour s'assurer s'il y a des jugements rendus contre la loi pour que l'auteur en subisse les conséquences. En cas de disparition la solidarité mutuelle responsable par cinquième. Loi à proposer.

Art. 15

Tout individu rétribué par la caisse nationale quelle que soit l'administration, civile, militaire, sera responsable de ses actions, principalement les juges.

Art. 16

Formations de comités de toutes professions système corporatif pour assurer l'avenir des travailleurs par une retenue de 5 p. 0|0 portée sur le livret obligatoire, et secourir tous les maux qui peuvent subvenir dans la vie humaine. Les maîtres ou chefs d'ateliers seront forcés de verser pour avoir leurs parts, le tout sera versé tous les mois au Comité qui décidera pour les veuves, les enfants, le cas d'hôpital, des statuts détermineront tout du comité général de Paris ainsi que pour l'achat d'immeubles ou valeurs certaines.

Art. 17

Pour secourir les familles des blessés, assassinés, incendiés ou autres délits préjudiciables, commis par des insolvables, ceux qui le sont en sus de leurs condamnations seront infligés d'une amende proportionnelle, civils ou militaires à ce qu'ils possèdent, qui sera versé à la caisse des malfaiteurs pour indemniser les victimes ou ayant droit. Ces sommes seront entre les mains des comités des familles qui en disposeront

Art. 18

Formation d'une école pénitencière par département pour les enfants incorrigibles à partir de 7 ans jusqu'à 17 sans limite de temps ; la conduite de l'enfant décidera, d'après la demande de l'autorité communale ou le comité des familles, gratuite pour les indigents. Local d'école ou lycée qui sera le mieux disposé et central pour qu'il soit mixte.

Art. 19

Formation d'un secours mutuel, par la dernière année du service militaire ou pénitencier et ceux qui sont refusés pour le service et qui peuvent travailler dans des compagnies d'ouvriers. En Algérie tous les Arabes à partir de 21 ans pendant deux années pour leur apprendre à cultiver, greffer, etc. Le tout sera occupé pour des plantations, défrichements et travaux de tous genres qui ne feront aucun tort au commerce. Aux familles méritantes on leur cultivera un terrain ou on élèvera une maison tant par an pendant 15 ans sans frais, les conditions sur un registre de la mairie inattaquable, des petits propriétaires tant par an avec leurs impositions. Les travaux pour la commune, idem.

Art. 20

En Algérie beaucoup d'ouvriers dupent, volent et vont plus loin en faire autant ; ceux qui en occupent prendront leurs noms. S'ils disparaissent après avoir joué un tour, l'autorité locale constatera aux témoins pour en signaler au domicile qu'il aura élu pour qu'il se justifie. Tous les ans l'exéat sera exigible pour les nomades.

Art. 21

Une nation civilisée doit trouver le moyen de secourir ceux qui ne peuvent plus travailler pour qu'il n'y ait pas tant de mendiants, les uns patissent, les autres en font un abus; on peut les secourir sur le département ou au moyen d'un impôt progressif. Chaque département aura une maison de refuge pour les ouvriers sans travail que l'on occupera à des travaux utiles, plantations, chemins vicinaux, etc., les femmes pour des confections pour l'exportation.

Art. 22

Pour ne pas écraser une commune malsaine, surtout en Algérie, les frais d'hôpitaux (indigents) seront départementaux (effet fraternel).

Art. 23

Pour les affaires de justice de paix, ceux qui ne sont pas de la localité, enverront avec le billet d'avertissement (papier d'écolier), tous les faits détaillés, art. 1er etc. ; nombre de témoins huit jours d'avance, la partie adverse répondra aux articles. Ceux qui n'en savent pas assez, le secrétaire de mairie ou instituteur seront réquisitionnés. A l'audience, le juge mettra ses notes, s'il a besoin de renseignements ou de visites il le fera pour décider sans que les intéressés n'aient besoin de se déranger. Le juge enverra sa décision aux mairies qui la communiqueront aux intéressés. Les juges ne pourront réclamer que les frais de voyage connus et non les distances. Dans toutes les affaires les témoins qui ne pourront pas se déranger feront une déclaration (deux témoins) à la mairie qui sera bonne et valable à l'audience.

ART. 24

Pour unifier le prix de ce qui est alimentaire ou de première nécessité pour toute la France ; tous les endroits de débarquement ou de production paieront un droit aux voies de transport, selon leur nombre d'habitants. Pour que les liquides et solides soient le même prix partout, comme le chocolat Meunier. Les communes qui n'ont pas de chemins de fer paieront les transports sur les frais généraux. On pourra appliquer ce système pour les échanges de semences très utiles et qui ne se font pas parce que c'est coûteux. Si les économies de tous genres ne suffisent pas on prendra sur l'impôt progressif des revenus.

ART. 25

Une amende sur les suicides ou tentatives.

ART. 26

Tous ceux qui sont pensionnés civils et militaires et qui possèdent plus qu'il leur faut pour vivre selon leurs familles, supprimer pour en donner à ceux qui n'en ont pas assez. Tous les emplois rétribués au-dessus du nécessaire, civil ou militaire, une forte retenue pour amortissement de la dette publique.

Tous les articles ci-dessus sont sommairemant traités pour donner l'idée des changements exigibles pour remédier à tous les abus gouvernementaux qui compromettent le bien être général, auteur de beaucoup de misères et de tracasseries qui sont avantageuses aux minotaures inssasiables de l'argent de la nation. Il y a encore beauccup d'autres améliorations qui seront communiquées plus tard (projets pour l'avenir).

Celui qui possède et qui meurt sans héritier voit l'Etat s'emparer de ses biens, ce qui est injuste ; cela doit être donné aux corporations les plus pauvres ou de secours mutuels. Si les économies suffisent, tant pour la dette. tant pour des travaux. On dotera quatre familles des plus pauvres et ayant le plus d'enfants et méritantes, par département ; dix mille francs pour chacune. Le comité des familles désignera l'emploi. Il arrive souvent que ceux qui sont sans argent lorsqu'ils en ont ils le gaspillent.

On défendra la fabrication de tous genres de marchandises de mauvaise qualité, qui sont toujours préjudiciables aux plus pauvres, pour les forcer de mettre quelques sous de plus afin d'avoir ce dont ils ont besoin et qui leur durera moitié plus longtemps.

Le serment a été décrété dans un temps où il y avait de la conscience ; mais aujourd'hui que la plupart des hommes ne connaissent que l'argent, pour remédier à cet état de mauvaise foi. les parties signeront sur un registre, leur vie et ce qu'elles possèdent et tout mensonge sera puni sévèrement. La loi qui réfute les témoins au-dessus de telle somme est à annuler, pour qu'ils le soient dans toutes espèces d'affaires et en cas de contestations, enquête gratuite par les mairies pour décider.

Lorsqu'une société s'altère, que les notables et le pouvoir gouvernemental ne s'en occupent pas ils commettent une faute égoïste. pernicieuse à la société ; ils sont responsables de tous les maux qui surgissent. Ils doivent être méprisés par les justes de nos jours et ils seront exécrés par la postérité. Ils ont connaissance du gaspillage de l'argent de la nation que l'on appréciera mieux quand on aura tout vérifié dans les ministères. Ces millions d'hommes de sacrifiés sans résultat, les premiers de la nation ont su exploiter les derniers avec des lois qui sont à leur avantage. Dans le pays des aveugles, les borgnes doivent les conduire et encore mieux les clairvoyants. Le manque de surveillance est l'auteur de toutes ces faillites de banquiers qui ont ruiné tant de bien être et de fortunes. L'emprunt mexicain et autres sont des actes d'escroqueries gouvernementales dont aucune nation civilisée n'a été victime que la France, pays des industriels, minotaures de l'argent de la nation et autres. Ils savent s'allouer de surabondants appointements malgré leur fortune particulière pour laisser les anciens retraités blessés, amputés, qui ont sacrifié leur jeunesse, en bravant tout le danger, privés du nécessaire de la vie humaine. Les morts ne viennent rien réclamer, mais ceux qui ont échappé, en ont le droit, chèrement gagné. Conclusion : Les animaux perfectionnés, les plus bêtes sur la terre, sont les Français qui ont la connaissance, l'instruction pour apprécier tout ce qui s'est passé depuis un siècle et qui n'exigent pas l'application des droits réels ; les illettrés ou à peu près ne comptent pas. La nation, spoliée, mal gérée, a besoin d'un dédommagement pour ses millions d'hommes de perdus et des plus pauvres avec des centaines de millions, du territoire et une dette à payer, il n'y a pas de nation civilisée qui ait fait d'aussi grands sacrifices sans résultat aucun. Les Français se disent malins, tout en se laissant conduire comme on conduit des bourricots. Ils n'essaient pas d'arrêter cette frénésie argentée qui a remplacé le patriotisme chez les chefs bourricotiers. Ils savent bénéficier de l'argent de la nation, de tous les privilèges, en imposant leurs injustices, des lois illégales, spoliatrices pour le peuple, elles ne sont plus en harmonie avec nos jours civilisés et font obstacle et empêchent la nation de pouvoir se diriger vers l'apogée du bien être, la civilisation et la prospérité : lorsque l'on y sera, ce siècle s'appellera l'âge d'or.

Nota. — (Motif de cette brochure). Je ne suis pas un académicien, mais un forgeur par nécessité, pour essayer de faire changer l'organisation vicieuse française qui est tellement pernicieuse aux deniers de la nation que c'est un enfer pour ceux qui en subissent les conséquences. Les minotaures de l'argent de la nation pour récompenser ceux qui agissent sans responsabilité personnelle (les juges) leur font jouer le rôle de vampire, non celui qui mange les morts, mais la grosse chauve-souris du Pérou qui, pendant le sommeil, incise la grande arthère du cou, suce le sang et avec ses ailes fait l'éventail pour soulager sa victime. Signe représentatif des lois harpies, pour s'attirer l'argent par des administrations auxquelles ils allouent des appointements surabondants sans avoir fait voter la nation. Ces cœurs dénaturés, égoïstes, laissent les anciens retraités blessés, amputés avant 1872, manquer du nécessaire pour vivre.

MOUË

Soldat amputé de la cuisse droite après l'expiration de son temps (Crimée), classe de 1847, sept ans et sept mois de présence au corps d'après ses états de service.

Chanson des bourricots, à leurs bourricotiers.

UNE RUE DE PARIS.

(Dernier chant d'un vaudeville inédit en un acte)

I

C'est bien depuis cent ans, d'un travail excité
Pour nous améliorer, et pour la liberté
Mais par l'agioteur, nous sommes exploités,
Excepté règnes blancs, suite s'est couronnée par la rapa-
[cité.

REFRAIN

C'est pour foudroyer, c'est pour limiter,
Les bourricotiers, leurs injustices,
C'est pour foudroyer, c'est pour balayer
Les bourricotiers, leurs injustices.

II

Ils vont souvent puiser dans les deniers de l'Etat,
La cruche trop bourrée casse avec fracas,
Avant de remplacer, cherchons l'abnégation
Qui ne ~~soit pas hommes, sainte Inquisition.~~   (Refrain.)
convoite pas, l'argent de la nation.

III

La crapule simple, triste éducation,
Ne fait des ravages qu'autour de la maison.
Les ramener au bien nous devons leur dicter
Tous les sentiments de la générosité.   *(Au refrain.)*

IV

La crapule combinée, ayant l'éducation
Pour faire tout le bien : fortune, instruction,
Mais décide les maux, les vices de l'agent,
En dupant la nation, gaspillant son argent.　　*(Refrain.)*

V

Dans le siècle passé, des milliards gaspillés
Et des millions d'hommes follement sacrifiés :
Soyons moins canailles par générosité.
Prenons le chemin droit de la capacité,　　*(Refrain.)*

VI

De tous ces maux passés, triste décret rendu,
Ces morts à déplorer, territoire de perdu,
Les étrangers haussent l'épaule de pitié
Il ne reste plus que la dette à payer.　　*(Refrain.)*

VII

Les bourricots ont tous les charges, mauvais temps,
Pour les dédommager de tous les contre temps
Le bourricotier prend tout l'honneur et l'argent
Et le confortable, afin d'être plus content.　　*(Refrain.)*

VIII

Le tripot judiciaire dupe assez souvent
Par l'effet du hasard, des brouillards de l'argent.
Donzelles ou caprices, ou bien la protection,
Il fait fonction de la ~~Sainte~~ Inquisition.　　*(Refrain.)*
fatal.

IX

Le bourricotier veut que la nation travaille
Toujours pour l'enrichir, qu'il se ravitaille,
Se donnant les places aux parents ou amis,
Et en dix successions tout l'argent est ravi.   (*Refrain*)

X

L'on peut boire et manger à bien meilleur marché,
Mais l'effet des impôts nous fait empoisonner
Bourricots exiger de la fraternité
Bannissez pour toujours de leur rapacité.   (*Refrain.*)

XI

La mauvaise gestion, triste opération
Font deuil des familles, des blessés à foison,
Suites douloureuses que la mort peut guérir
Manque de tactique de ce qui fait périr.   (*Refrain.*)

XII

Sacrifiant la nation, l'intérêt personnel,
Faisant le charlatan pour son dessin réel,
Maudissons leurs systèmes, leurs incapacités
Règne des coteries sans générosité   (*Refrain.*)

XIII

La France gouvernée par le saltimbanque
Qui fait sa parade pour faire la banque,
Aux palais de l'État, meublés à profusion,
Trop largement payé de l'argent de la Nation   (*Refrain.*)

XIV

Se donnant des soirées, des festins d'apparat,
S'achetant des châteaux des deniers de l'Etat,
Ce qu'ils peuvent attraper tout en se pavanant
Avec leurs héritiers de ce fruit surprenant.   (*Refrain.*)

XV

N'arrachant pas les dents, mais toujours de l'argent,
Masqué d'hypocrisie, Jésus-Christ soutenant,
Trois autres corps d'armée(1), tous trois entrelacés,
Aux deniers de l'Etat tous les cœurs attachés.   (*Refrain.*)

XVI

Tous savent exploiter les horribles tripots
Et fiers de posséder, tous les précieux impôts
Exempts de misère, ils ont l'opulence,
Faveur de leurs places, gaspillant la France.   (*Refrain.*)

XVII

Substils escamoteurs, c'est l'ancien système,
Truc gouvernemental qui toujours nous mène,
Tous sont responsables, des faits promoteurs,
Torrents dévastateurs qui seront nos vengeurs.   (*Refrain.*)

XVIII

Histoire incroyable, la Nation Française,
Volée, trompée, roulée, toujours mal à l'aise,
Par la cupidité des chefs bourricotiers
Napoléon suites ont trop perfectionné.   (*Refrain.*)

---

(1) L'armée, les employés et les prêtres.

CHANSON DES BOURRICOTS
A LEURS BOURRICOTIERS

Dernier chant d'un Vaudeville en un acte (inédit)

(UNE RUE DE PARIS)